古典时代
公元前 500 年—公元 500 年

全 球 视 角 / 纵 观 时 间 / 极 简 通 史

无处不在的历史

[英] 亚历克斯·伍尔夫 著
[巴西] 维克托·博伊伦 绘
徐赟倩 译

著作权合同登记号：图字 18-2020-030

PARALLEL HISTORY SERIES: THE CLASSICAL WORLD
Written by Alex Woolf
Artwork by Victor Beuren
First published in Great Britain in 2017 by The Watts Publishing Group
An imprint of Hachette Children's Group
Part of The Watts Publishing Group
Carmelite House
50 Victoria Embankment
London EC4Y 0DZ
Copyright ©The Watts Publishing Group,2017
All rights reserved.

This edition first published in China in 2020 by China South Booky Culture Media Co LTD, Beijing
Chinese edition © 2020 China South Booky Culture Media Co., Ltd.

©中南博集天卷文化传媒有限公司。本书版权受法律保护。未经权利人许可，任何人不得以任何方式使用本书包括正文、插图、封面、版式等任何部分内容，违者将受到法律制裁。

图书在版编目（CIP）数据

无处不在的历史．古典时代：公元前500年－公元500年／（英）亚历克斯·伍尔夫著；（巴西）维克托·博伊伦绘；徐赞倩译．－－长沙：湖南少年儿童出版社，2020.10（2021.5重印）

ISBN 978-7-5562-5431-6

Ⅰ．①无… Ⅱ．①亚… ②维… ③徐… Ⅲ．①世界史－古代史－儿童读物 Ⅳ．①K109

中国版本图书馆CIP数据核字（2020）第191636号

WUCHUBUZAI DE LISHI·GUDIAN SHIDAI：GONGYUANQIAN 500 NIAN—GONGYUAN 500 NIAN
无处不在的历史·古典时代：公元前500年—公元500年
[英] 亚历克斯·伍尔夫 著　　[巴西] 维克托·博伊伦 绘　　徐赞倩 译

责任编辑：周 凌 李 炜	策划出品： 小博集
策划编辑：何 淼	特约编辑：张丽霞
营销编辑：付 佳 余孟玲	版权支持：辛 艳 张雪珂
封面设计：马俊赢	版式排版：马俊赢

出 版 人：胡 坚
出　　版：湖南少年儿童出版社
地　　址：湖南省长沙市晚报大道89号　　邮　编：410016
电　　话：0731-82196340（销售部）　　0731-82194891（总编室）
传　　真：0731-82199308（销售部）　　0731-82196330（综合管理部）
常年法律顾问：湖南崇民律师事务所 柳成柱律师
经　　销：新华书店　　　　　　　　　　印　刷：河北彩和坊印刷有限公司
开　　本：787 mm × 1092 mm　1/16　　印　张：2
版　　次：2020年10月第1版　　　　　　印　次：2021年5月第2次印刷
书　　号：ISBN 978-7-5562-5431-6　　　定　价：150.00元（全6册）

若有质量问题，请致电质量监督电话：010-59096394　　团购电话：010-59320018

目 录

引言 …………………………………… 4

政府与政治 …………………………… 6

食品与农业 …………………………… 8

建筑 …………………………………… 10

战争与冲突 …………………………… 12

科学与技术 …………………………… 14

医药 …………………………………… 16

文学与艺术 …………………………… 18

儿童与教育 …………………………… 20

犯罪与刑罚 …………………………… 22

休闲与娱乐 …………………………… 24

宗教 …………………………………… 26

死亡与丧葬 …………………………… 28

术语索引 ……………………………… 30

引 言

从大约公元前 500 年起，人类文明开始发生变化。人们开始更深入地思考世界，新的艺术形式出现了，科学也有了重大进步。在西方，这一文明进步始于希腊城邦。在东方，印度和中国产生了新的宗教和新的哲学流派。历史学家认为这些变化标志着人类历史展开了新的篇章：古代文明走远，古典时代来临。

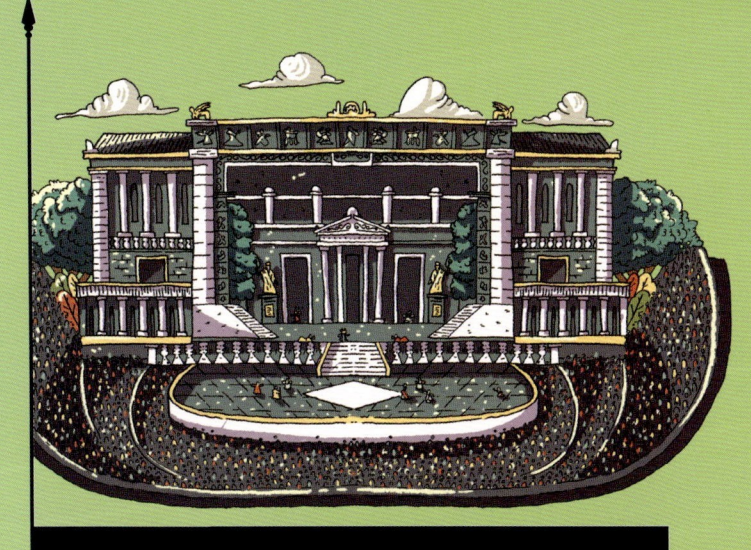

古希腊人建造了大型剧院，在那里演出戏剧。

希腊

公元前 5 世纪，古希腊的城邦，特别是雅典，成为创造性思维的摇篮。雅典人发展出一种新的政府形式：民主。哲学家们抛弃了以前的神灵崇拜，寻求对自然的理性阐释。建筑师基于合理的设计理念建造寺庙。作家们则带来了一种新的娱乐方式：悲剧和喜剧。

文化的传播

古希腊的思想逐渐流传开来，并随着马其顿国王亚历山大大帝的南征北战，逐渐向东传播。古希腊文化是对古罗马城邦产生早期影响的文化来源。随着古罗马的势力逐渐延伸到欧洲和北非，他们也把古希腊文化传播到了那些地方。

亚历山大大帝建立的希腊式城邦在其死后依然兴盛。

变化的世界

在古典时代，人口膨胀，社会变得更加复杂，一个拥有精湛技艺的新精英阶层出现了，工艺、美术、建筑和诗歌都得到了蓬勃发展，科学家们也在不断刷新人类对天文学、数学和工程学知识的认知界限。

阿基米德式螺旋抽水机能把低洼处的水引入灌溉渠，这类新发明让生活更加便捷。

新的信仰

在公元前6世纪，印度出现了佛教和耆那教，两者都抛弃了传统的婆罗门教的许多观点，例如，它们并不歧视社会阶层较低的人。与此同时，在中国，孔子和老子开始传授其思想，而他们的思想将在今后成为中国哲学的两大源头。

孔子（公元前551年—公元前479年）

政府与政治

在古典时代,大多数地区的人们都由君主独裁统治,无论君主的头衔是国王还是皇帝。然而,古希腊和古罗马在公元前6世纪时,出现了一种新的政治体制:民主政治体制。这种由人民统治的民主政府是民众反对暴君暴政的产物,深受民众欢迎。

希腊

在雅典城邦,公民被赋予参议政事的权利,他们可以参与公民大会,并在大会上投票表决一项法律的废立。执政的五百人议事会成员不是由选举产生的,而是由抽签选出的,以防止个人势力过大。

民主诞生在雅典的一座小山丘——普尼克斯上,在那里,雅典人召开了第一届公民大会。

罗马

公元前6世纪末,罗马人推翻了国王,建立了共和国。共和国由两位执政官统治,执政官的权力受到贵族成员组成的元老院的制衡。经过抗争,平民获得了推举保民官和举办"平民会议"的权利,保民官由平民选出,保护平民的利益。随着罗马的扩张,共和国的民主体制难以满足其统治一个庞大帝国的要求,这导致了共和国的垮台。因此,罗马后来又恢复了君主专制体制。

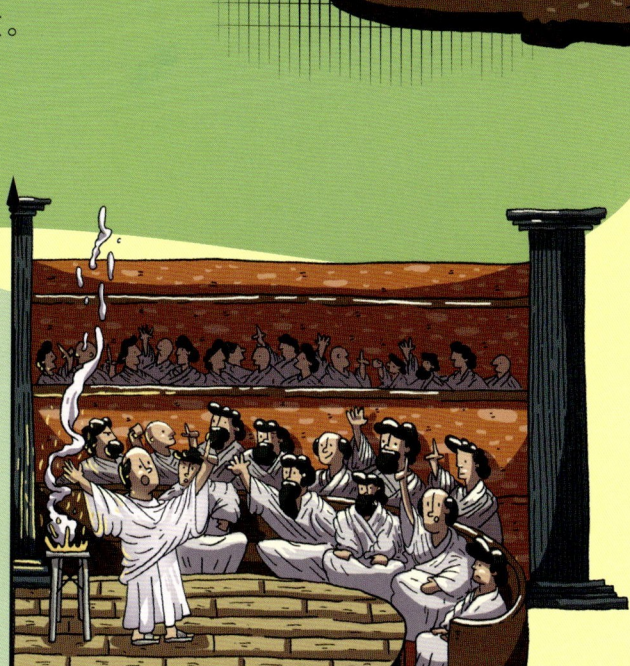

罗马元老院的成员不是由选举产生的,而是由执政官任命或监察官遴选的。

公元前509年 罗马共和国建立

公元前508年 雅典执政官克利斯梯尼改革,将雅典民主政治推进了一大步

阿育王血腥征服羯陵伽王国,而后决心以佛法治国 公元前260年

罗马共和国演变为罗马帝国 公元前27年

北非努曼提亚王国和毛里塔尼亚王国短暂的鼎盛时期 公元前200年

公元前221年 秦始皇统一中国

公元前500年 公元前400年 公元前300年 公元前200年

中国

秦始皇统一了中国,将庞大的中国分为 36 个郡,把被征服地区的原统治者换成忠于皇帝的官员。他招募了一个庞大的公职人员体系来管理帝国的 36 郡。秦朝之后是汉朝,汉朝的统治时期是从公元前 206 年到公元 220 年。东汉末年,统一的帝国逐渐解体,中国进入三国时代。

印度

在孔雀王朝(公元前 324 年—公元前 187 年)的统治下,印度的大部分地区首次获得了统一,开始由一个政府统治。阿育王是孔雀王朝的第三任国王,他是一位杰出的统治者。在目睹了一场血腥的战斗后,他开始抗拒暴力,转而信仰佛教,以佛教的非暴力原则治理国家。

阿育王在国内各处刻石宣扬佛法。

约公元 250 年 日本开始出现一些小国

约公元 1 年—公元 650 年 埃塞俄比亚的阿克苏姆王国的鼎盛时期

公元 1 世纪 印度尼西亚出现多个繁荣的小国

公元 3 世纪 玛雅地区出现了第一批城邦国家

公元 200 年　　　公元 300 年　　　公元 400 年　　　公元 500 年

食品与农业

在古典时代,大多数人仍继续沿用几个世纪以来的耕种方式。然而,也出现了一些创新。作物轮作越来越普遍,农业技术也得到了改良。大多数人仍然吃着传统的食物,但富足的精英阶层所吃的食物已经愈加精细了。

汉朝人发明的龙骨车能把低洼处的水引入灌溉渠中。

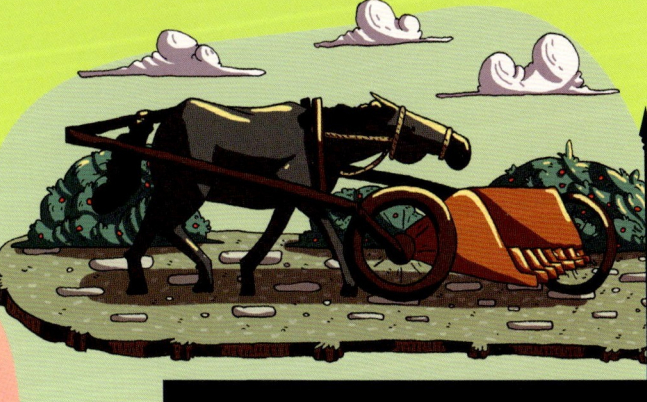

在罗马帝国时期,有些农场用双轮收割车收割农作物。

中国

汉朝时期,人们进一步改良了轮作制,提高了农业产量。人们还发明了不少有用的农具,比如,人们发明了水力驱动的水碓,磨粉舂米更加省力。中国人开始腌制食物、晒制肉类、烘烤谷物。

罗马

罗马帝国时期,人们在名为"大庄园"的农场里种植粮食,其中,最主要的作物是小麦和大麦。平民可以从街上的小吃店里买到"快餐",比如熟肉、鱼和面包。富人则常常举办宴会,在宴会上,他们可以享用到更加新奇的食物,比如火烈鸟、睡鼠和牡蛎。

公元前 770 年—公元前 476 年	春秋时期,中国已经出现分行栽培技术	在中国,牛项圈的发明提高了耕地效率	公元前 3 世纪
约公元前 5 世纪	玛雅人开始用排水渠来开垦沼泽地	中国发明了用于播种和覆土的多腿耧车	约公元前 2 世纪
公元前 5 世纪	古希腊开始作物轮作	古罗马的小规模农场被大庄园所取代	公元前 3 世纪

8　公元前 500 年　　公元前 400 年　　公元前 300 年　　公元前 200 年

凯尔特人

在公元前 7 世纪至公元 1 世纪之间，凯尔特人一直生活在欧洲西北部和不列颠群岛。他们种植萝卜、洋葱、韭菜等蔬菜，饲养鸡、猪、山羊和绵羊，养蜂酿蜜。男人有时出去打猎，带回鹿、野猪，以及捕捞的鲭鱼和鳟鱼，女人则会采集坚果和浆果。

凯尔特人硬币上的麦束。他们种植小麦，用来制作面包和麦片粥。

玛雅人

在中美洲的低地，玛雅人为了将沼泽地变为可供耕种的土地，修建了排水渠。玉米是他们的主食，玛雅人会把玉米磨成粉，做成玉米饼趁热食用。他们种植菜豆、西葫芦、甘薯和辣椒等蔬菜，并且一般由女人负责做饭和照料菜地。此外，他们还饲养火鸡和鸭子，野鹿和野猪则是很好的猎物。

玛雅人在沼泽地里挖掘排水渠，并把挖出的泥土堆积成肥沃的土地。

公元前 1000 年—公元 100 年	印度尼西亚的东颂文化种植水稻，饲养水牛和猪
公元 3 世纪	中国人发明了鱼线轮
公元前 1000 年—公元 300 年	诺克文化培育出豇豆和珍珠稷

公元 200 年　　　公元 300 年　　　公元 400 年　　　公元 500 年

建 筑

古希腊人和古罗马人创造了新的建筑风格，现在，我们称之为古典建筑风格。印度现存最古老的建筑类型也可追溯到古典时代。然而，由于中国和日本那时的建筑主要是木制的，因此几乎没有建筑留存下来。在中美洲，人们发现了一处古老的大型建筑群，即著名的特奥蒂瓦坎。

帕提侬神庙高高耸立在雅典卫城的山坡上。

古罗马斗兽场建成于公元 80 年，可容纳 5 万人，是古罗马时期最大的圆形剧场。

希腊

古希腊建筑师将优雅的数学比例运用到建造神庙中。神庙的正厅是一个矩形的房间，四周环绕着刻有凹槽的柱子，有些柱子的顶端还雕有精致的花纹。神庙顶部的东西两端是三角形的山墙，上面有精美的浮雕。古希腊人还建造了最早的剧场。剧场是露天的，一层层观众席半环绕在圆形表演区和后台的周围。

罗马

罗马人发明了水泥和火山灰混凝土，这些建筑材料使建筑更加坚固耐久。混凝土的诞生，使建筑师们得以创造出新的建筑形式：拱门、穹顶和拱顶。这些建筑形式减少了建筑内部对立柱的需求，因为屋顶可以由外墙来支撑。罗马人建造了新的公共建筑，比如浴场、露天剧场、高架渠和长方形廊柱大厅。

公元前 6 世纪 狄俄尼索斯剧场建成

公元前 550 年 以弗所人开始修建阿耳忒弥斯神庙，这是古代世界七大奇迹之一

公元前 432 年 希腊最著名的神庙——帕提侬神庙建成

桑奇大佛塔建成 **公元前 3 世纪**

阿旃陀石窟群开始修建 **公元前 2 世纪**

古罗马开始修建加尔桥，它以拱桥闻名于世 **约公元前 19 年**

公元前 500 年 　　公元前 400 年 　　公元前 300 年 　　公元前 200 年

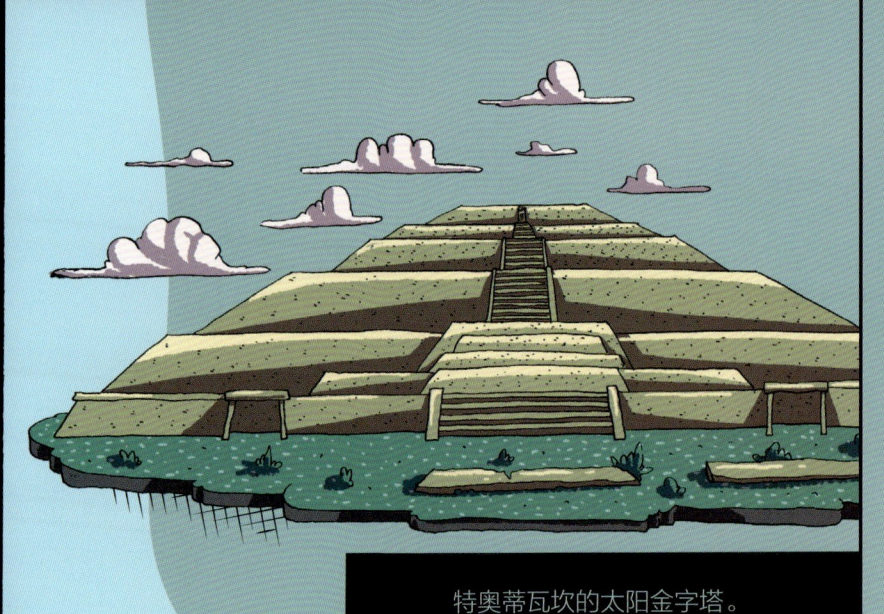

中美洲

墨西哥的特奥蒂瓦坎城始建于公元1年至公元150年之间，城中有宫殿、民居和顶部建有寺庙的巨型金字塔，其中最大、最宏伟的是太阳金字塔，它高75米，基座长225米，宽222米。

特奥蒂瓦坎的太阳金字塔。

印度

古典时代，古印度建造佛塔来存放佛陀的舍利，舍利即佛陀遗体火化后结成的珠状物，是佛教圣物。佛塔上为圆顶，用灰泥和砖块砌成，顶部有一个尖塔。印度教和佛教还修建了很多石窟，内设寺庙和寺院。其中，最大的石窟群是位于印度西南部的阿旃陀石窟群，石窟里有精雕细琢的廊柱和精美绝伦的壁画。

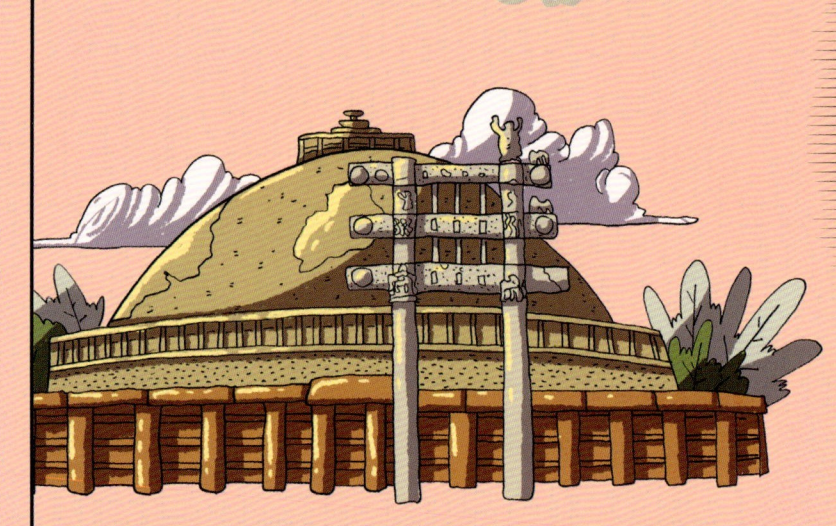

桑奇大佛塔是印度最古老的石头建筑，由阿育王下令建造。

公元 126 年 古罗马重建万神殿，它的穹顶非常宏伟

公元 216 年 古罗马卡拉卡拉浴场建成，它以拱形天花顶闻名

公元 200 年　　公元 300 年　　公元 400 年　　公元 500 年

战争与冲突

古典时代的战争方式发生了重大变化。将军们学会了如何调遣步兵和骑兵协同作战，围城战术和海战也都有了进步。罗马人和中国人尤其相信练兵和军纪的重要性。

欧洲

尽管骑兵在欧洲战争中有重要作用，但古典时代最主要的两大军事力量，希腊人和罗马人，他们的军队仍以组织严密的步兵队伍为中心。公元前700年，腓尼基人开始把对排桨海船作为战船，专门用于海战。希腊人和罗马人对战船进行了改进，发明出三层桨战船、四层桨战船和白令船，船由风帆或排桨驱动，配备有弹射机械、撞角和爪钩。

古希腊战船上有船桨和风帆。士兵们在甲板上战斗，水手们在甲板下划船。

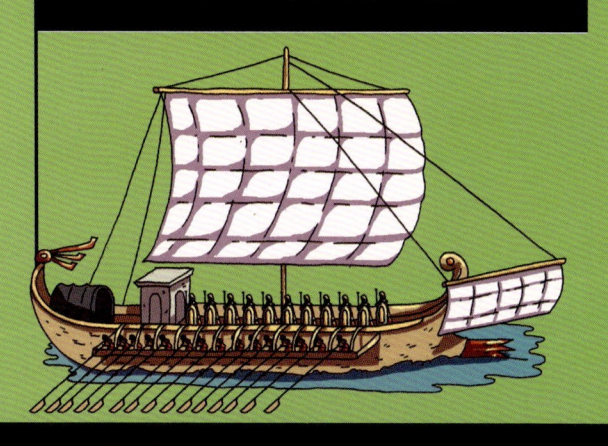

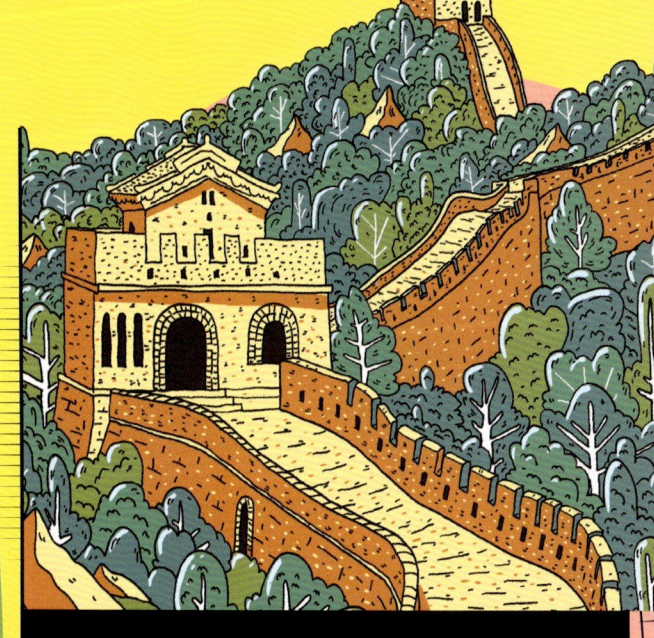

为了抵御北方的侵略者，秦始皇于公元前214年下令大规模修建长城。

中国

中国需要一支强大的军队来守卫其广袤的领土，保护领土不受外敌侵犯。中国古代的军队传统上由步兵组成，约公元前4世纪末，中国才有了第一支骑兵部队。这一时期，中国开发了新式武器，其中包括弩和复合弓。

公元前6世纪 中国研制出一种围城战器：投石机

罗马和迦太基之间进行了三次布匿战争 公元前264年—公元前146年

亚历山大大帝东征 公元前334年—公元前323年

公元前475年—公元前221年 中国的战国时代

公元前500年　　公元前400年　　公元前300年　　公元前200年

匈奴人，来自亚洲大草原的勇猛骑兵，曾横扫欧洲，威慑罗马。

中亚

一直以来，骑兵在中亚战争中都至关重要。马鞍和马镫的发明把战马变成了一个稳定的战斗平台，骑手可以骑在马上挥舞战剑、长矛，拉弓射箭。草原骑兵凭借这一优势，在战争中长驱直入，一度对欧洲、中国以及印度的文明造成威胁。

印度

在古典时代，印度军队由四部分组成：战车、战象、步兵和弓箭手。战象身披盔甲，身上甚至绑着刀剑。在笈多王朝（公元320年—公元540年）统治时期，军队的四部分结构依然不变，只是其中的战车被骑兵取代了。

印度战象背上有个小堡垒，士兵们可以藏身其中，用弓箭或长矛攻击敌人。

公元 1 世纪　中国已经开始使用马镫　　印度尼西亚的侗族开始制造青铜匕首、剑和战鼓　公元 6 世纪

在印度，骑兵代替了战车　公元 320 年

匈奴人攻打罗马　公元 451 年

公元 200 年　　公元 300 年　　公元 400 年　　公元 500 年

科学与技术

从公元前 6 世纪起，古希腊人在数学、几何学、天文学和物理学上取得了巨大的进步，中国人则在技术创新方面处于领先地位。在公元 1 世纪，中国、印度和希腊都发明了最早的水车，开发出一种方便的新能源：水力。

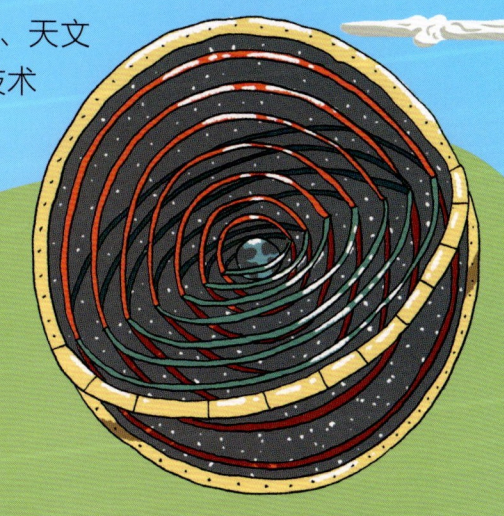

罗马人制作了强大的围城战武器，例如弩炮。

天文学家阿里斯塔克经过观测，认为地球和行星以太阳为中心，沿圆周轨道运动。

罗马

罗马人不常创新，但他们非常擅长利用和改良现有技术。他们利用格罗马，一种古埃及人发明的测量工具，来修建笔直的道路。他们从叙利亚人那里学会了吹制玻璃的秘诀，制作出窗玻璃、油灯和镜子。罗马人知道如何使用螺旋压力机、日晷、中央供暖系统和水磨，而所有这些都来源于古希腊。

希腊

泰勒斯和毕达哥拉斯等古希腊数学家发现了关于圆、线、角和三角形的数学定理，后来，天文学家将这些理论应用在天文学领域，计算出行星的运动轨迹和地球的周长。哲学家亚里士多德最早开始对动物进行分类。此外，希腊科学家还发明了水钟和中央供暖系统，利用蒸汽驱动玩具，这可以说是蒸汽机的雏形。

公元前 8 世纪	骆驼已经被引入撒哈拉沙漠
公元前 6 世纪	中国最早开始使用生铁冶铸法
公元前 5 世纪	非洲的诺克人学会了熔铁技术
公元前 4 世纪	印度炼出了钢
公元前 3 世纪	阿基米德式螺旋抽水机面世，据说是由出生于叙拉古的希腊科学家阿基米德发明的
公元前 1 世纪	叙利亚发明了吹制玻璃的技术

公元前 500 年　　公元前 400 年　　公元前 300 年　　公元前 200 年

中国

大约在公元前6世纪，中国人通过往铁水里添加碳来增强铁的韧性，从而制造出更加坚固耐用的工具和武器。此外，中国人还发明了舵和司南，使长途航海成为可能。公元105年，他们改进了造纸术，使整个世界的交流方式发生了革命性的变化。

汉朝宦官蔡伦以树皮、麻头、破布和渔网等为原材料造纸。

玛雅人建造了带有窗户的庙宇，用来观察星空。

玛雅人

玛雅人推算出了太阳、月亮、金星和其他行星的运行周期，并能预测日食出现的时间。他们精于数学，使用二十进制，根据他们的数学和天文学知识创制了三种历法，其中一种历法将一年分为365天。

| 约公元1世纪 | 非洲的阿克苏姆王国制造玻璃水晶、黄铜制品和铜制品用于出口 | 印度发明了数字符号"0" | 公元5世纪 |

医 药

在古典时代，关于如何治愈自己的疾病，人们依然寄希望于神明、魔法护身符和符咒。与此同时，有些人开始致力于寻找疾病的自然成因，还开发出许多实用的治疗方法。罗马人认识到了良好卫生的重要性，并在战地外科手术方面越来越熟练。

古希腊的医生错误地认为放血疗法可以治病。

一位阿育吠陀医生正在为病人治疗。

希腊

希腊人治病的传统方法是向医神阿斯克勒庇俄斯祈祷。生病后，许多人会前往位于埃皮道洛斯的医神神庙祭拜，在那里，祭司们会为病人祈祷，用"魔法"草药为病人治病。其他人则采取更为科学的方法，如希腊医生希波克拉底（公元前 460 年—公元前 377 年），他认为，疾病有其自然成因，可以通过按摩、改变饮食、放血、禁食、锻炼和硫黄浴得到治愈。

印度

在古典时代，印度传统医学阿育吠陀取得了长足发展。阿育吠陀，意为"生命的科学"，其核心理论认为，身体由三大"生命能量"或元素组成，当这些能量失衡时，人就会生病。治疗方法包括使用草药、改变饮食、体育锻炼、做瑜伽和冥想。古印度在外科手术方面的技术也有了很大的进步，外科医生能够成功摘除白内障，治疗骨折，进行截肢手术和缝合伤口。

中国医生扁鹊提出了一套"望、闻、问、切"的诊断方法　**公元前 3 世纪**

公元前 5 世纪　印度医学著作《妙闻集》记载了大量的外科手术方法

公元前 460 年—公元前 377 年　希腊医生希波克拉底是最先质疑"魔法"疗法的人之一

一位中医正在用烧着的艾草熏烤病人的后背。

中国

公元前5世纪，一本名为《黄帝内经》的医学专著为中国传统医学奠定了基础。跟印度医学和古典西医一样，中医也强调体内各元素的平衡。中医的治疗方法包括草药疗法、针灸和拔火罐。拔火罐就是在小罐内点火燃烧片刻，产生吸力，使小罐吸附在皮肤或穴位上，治疗某些疼痛和疾病。

玛雅人

玛雅医生能够根据症状识别出许多传染病。他们把一些特定的植物熬煮成浆或制成药膏，用来治病。例如，他们用古柯叶使病人镇静下来，用胡椒治疗牙痛，用蓖麻油治疗便秘，将辣椒泥敷在伤口上来防止感染。

玛雅艺术作品中有医生用草药治疗病人的场景。

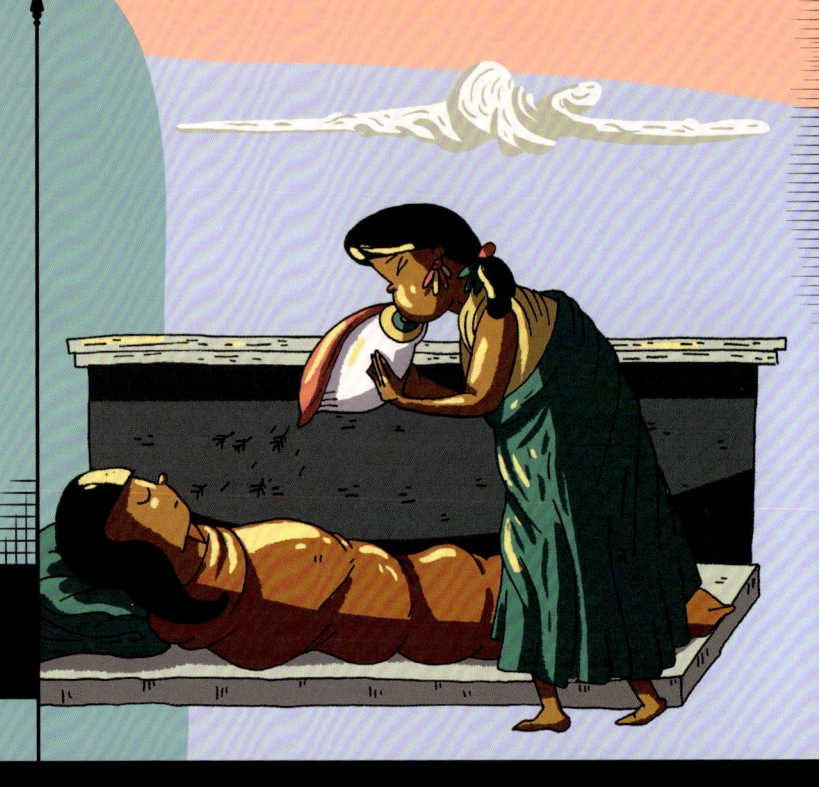

公元 129 年—公元 199 年　古希腊－罗马医生克劳迪亚斯·盖伦的医学研究方法和人体解剖知识对后世影响深远

公元 3 世纪　中国医学家皇甫谧写了一部影响深远的针灸学专著《针灸甲乙经》

公元 165 年　一场瘟疫席卷了古罗马帝国

文学与艺术

在古典时代，东方和西方都出现了文学和艺术上的繁荣。这一时期的文学和艺术通常都以宗教为主题或从宗教中寻找灵感。印度艺术在笈多王朝统治时期达到顶峰，印度教和佛教都留下了很多精美的神像石雕和佛像石雕。中国儒家和道家的经典著作也是在这一时期诞生的。

这幅壁画发掘于庞贝古城，画中是一对富有的夫妇。画中的妻子手持铁笔和蜡板，表明她受过教育。

这是一尊古希腊黑陶，人物的轮廓在红色或黄色的背景下显得更加突出。

希腊

古典时代，古希腊艺术家创作了许多精美的壁画、浮雕以及栩栩如生的大理石雕像和青铜雕像，在花瓶上和盘子上描绘古希腊神话中的人物和生动的日常生活场景。古希腊最著名的文学作品是荷马史诗《伊利亚特》和《奥德赛》，剧场则会演出埃斯库罗斯、索福克勒斯、欧里庇得斯和阿里斯托芬的戏剧。

古罗马

古罗马的艺术风格受古希腊的影响，绘画主题涵盖了自然、神话和日常生活。富人家中会用花样繁多且精美细致的马赛克来装饰。图拉真凯旋柱上面的浮雕展现了极其写实的军事生活。古罗马的文学经典很多，比如维吉尔、贺拉斯和奥维德的诗歌，西塞罗和尤维纳利斯的散文，以及苏维托尼乌斯和塔西佗的传记文学。

公元前 5 世纪	《论语》成书
埃斯库罗斯的《俄瑞斯忒亚》在剧场上演	公元前 458 年
约公元前 431 年	索福克勒斯的《俄狄浦斯王》在剧场上演
印度史诗《罗摩衍那》被编纂成书	公元前 2 世纪
汉赋成为汉朝主要的文学形式之一	公元前 2 世纪
维吉尔完成《埃涅阿斯纪》	公元前 19 年

公元前 500 年　　公元前 400 年　　公元前 300 年　　公元前 200 年

凯尔特人

螺旋和绳结纹样以及动物形象在凯尔特人的艺术作品里非常普遍，凯尔特人喜欢用金、银、青铜、珊瑚、珐琅、兽角、羽毛和页岩制作精美的珠宝饰品，他们还制作了很多陶器、乐器和青铜雕像。凯尔特人没有留下任何书面文学作品，但留下了很多由吟游诗人创作的歌曲和诗歌。

凯尔特人制作了装饰精美的盾牌，献给他们信奉的神灵。

玛雅石柱非常高大，且经过了精雕细刻。

玛雅人

玛雅人用石头、木头和玉石雕刻神像。他们在墙上绘制的壁画展示了他们日常生活、战斗和举行仪式的场景，以及他们信仰的神话。在贵族的坟墓里，人们会放一些小型陶像，其中包括球员、仆人、乐师和祭司的陶像，可能是用来在冥间侍奉他们的主人。

公元 7 年　奥维德完成《变形记》

儿童与教育

古典时代的大多数儿童没有受过教育,他们从父母那里学习技艺,为成年生活做准备。男孩学习一门手艺或从事一种行业,女孩则学习如何管理家庭和抚养孩子。富人家族中男孩则有机会上学,且由他们的父母支付学费。这个时期的学校变得更加专业化,男孩们学习的科目有很多。

希腊

男孩从7岁起开始接受学校教育,学习阅读、写作、算术、音乐和体育等科目,他们通常需要背诵诗歌和演说辞,在涂蜡的木板上练习书写文字,富裕家庭的男孩会进一步学习哲学和公共演讲。

在古希腊,学生通常在老师家里上课。

罗马

共和国后期,古罗马7岁以上的富家子弟都要接受教育,他们通常从黎明就开始上课,老师通常是一些受过教育的希腊奴隶。大多数贵族子弟都要接受作战技能方面的训练。年纪稍长以后,男孩们还要学习有关法律、政治、商业和公共演讲的知识。

古典时代的一幅罗马浮雕展现了老师教导男孩们学习阅读、写作和算术的情景。

公元前6世纪 塔克西拉成为印度的学术中心之一

汉武帝设立太学 **公元前124年**

公元前350年 雅典男孩在学校里学习素描、绘画和雕塑

公元前350年 罗马开办了第一所学校

公元前500年 · 公元前400年 · 公元前300年 · 公元前200年

一位考生正在参加太学举办的考试，考试成绩直接与仕途挂钩。

中国

在汉朝，男孩到了 7 岁就要到学校学习阅读、写作和算术。公元前 124 年，汉武帝设立了国家最高学府——太学。在太学里，学生们被授以儒家经典。朝廷会定期举办考试，通过了的学生便被授予官职，没有通过则继续学习。

印度

在印度，儿童能否接受教育取决于他们的种姓。婆罗门和刹帝利的孩子能够受到良好的教育，但下层阶级的孩子通常没有机会接受教育。有幸接受教育的孩子们通常要学《吠陀经》、数学、兵法、占星术和医学，也有专门提供金属加工和木工等手工艺培训的行会。

那烂陀寺是笈多王朝统治时期印度佛教的最高学府和学术中心。

公元 3 世纪 曹魏时期实行九品中正制，依据家世、道德、才能将各州人物分为九品，授予官职

犯罪与刑罚

在古典时代，各文明针对不同的犯罪行为有不同的解决办法。在一国之内使用单一法典的古代文明时期已经结束，社会变得越来越复杂，阶级分化的程度也越来越高，法律必须做出相应的改变。律师出现了，他们是为了维护客户利益而对法律进行解读的专家。然而，刑罚仍然和古代文明时期一样严厉，有时甚至更为严厉。

汉朝的刑罚主要分为杖刑、徒刑和死刑三种，此外还有徙边、罚金等。

雅典哲学家苏格拉底被判处死刑，在狱中饮毒酒而亡。

中国

对于法律，儒家和法家持两种不同的看法。法家认为国家应当制定成文法规，法律面前人人平等，并主张用严厉的刑罚来阻止犯罪。儒家则认为法律规范应当灵活，对地位不同的人应当施以不同的刑罚。汉朝兼顾两家学说，施行严刑峻法的同时，又因罪犯身份不同而有所差别。

希腊

古希腊没有律师，也几乎没有法官。城邦要求每个公民了解法律，亲自在法庭上为自己辩护或者控告他人。陪审员也由公民担任。如果公民被判有罪，他可能会被处以罚金，或者遭到监禁或流放，奴隶犯罪则会受到肉体折磨，他们将被处以鞭刑、枷刑或者被处决。

公元前 5 世纪 古雅典的执政官伯里克利修改了多条雅典法律

秦始皇统一中国，以法家学说治理国家 **公元前 221 年**

古罗马制定了《十二铜表法》 **约公元前 450 年**

公元前 324 年—公元前 300 年 旃陀罗笈多建立起印度的司法体系

亚里士多德写下了《雅典政制》，里面论述了他所在的雅典城邦的法律 **公元前 328—公元前 325 年**

汉文帝下诏废除肉刑，开始改革刑罚制度 **公元前 167 年**

罗马

被称为《十二铜表法》的罗马法被刻在铜板上，放在广场上供大家阅读。古罗马的刑罚根据罪犯的社会地位和犯罪情况而有所不同。贵族犯罪将被驱逐或者斩首，地位较低的人犯罪可能会被吊死、在十字架上钉死、烧死、活埋或者扔到竞技场上被猛兽咬死。

罗马有一种刑罚是把罪犯从一块高高的岩石上推下去摔死。

旃陀罗笈多皇帝封自己为印度的最高法官。

印度

在孔雀王朝统治时期（约公元前324年—公元前187年），古印度有两种法院：解决私人之间的争端的民事法院，以及刑事法院。刑罚因种姓而异，对婆罗门的惩罚较轻。对于一般的违法行为，例如违约，违法者通常会被处以罚金。对于重大的犯罪行为，罪犯则会被处以肉刑或者死刑。

罗马帝国颁布了《狄奥多西法典》，该法典由3000多种罗马皇帝的敕令汇编而成　公元438年

休闲与娱乐

古典时代的娱乐活动变得越来越隆重。古希腊有体育节，古罗马和中美洲也有一些大型公共表演活动，其中一些节庆有其宗教渊源，但有些节庆纯粹为了娱乐。

汉朝的舞俑和乐师俑。舞俑展示的姿势是长袖舞中的一个动作，而长袖舞一直延续至今。

体育馆的一幅浮雕描绘了摔跤手参加奥林匹克运动会的情景。

中国

中国人会在不同的时节举行不同的节庆活动。节日是家庭团聚的时刻，人们大办宴席，拜访朋友，还会进行一些游戏，比如围棋，这种棋盘游戏人们现在仍然在玩。音乐、舞蹈、杂耍和武术都是广受欢迎的娱乐形式。孩子们喜欢放风筝。风筝就是在竹制的架子上糊上纸张或者丝绸，然后趁着风力放飞到空中，这种娱乐活动也一直流传至今。

希腊

古希腊人发明了两种新的娱乐项目：田径比赛和戏剧。这些活动不仅仅为了娱乐，还是宗教节日的一部分。孩子们喜欢玩扔动物指关节骨的游戏，这锻炼了他们的数学能力。他们还喜欢赛跑、摔跤，进行球类比赛。成年男子则喜欢在正式的晚宴上开展辩论，他们经常举行这样的聚会。音乐也很普及，当时的希腊乐器主要有七弦竖琴、阿夫洛斯管和手鼓。

公元前 5 世纪 　中国人发明了风筝

秦二世胡亥把当时全国的杂技、歌舞、滑稽剧汇集到宫廷中进行表演 　公元前 3 世纪

中国出现了关于围棋的最早的文字记录 　公元前 3 世纪

公元前 500 年　　　公元前 400 年　　　公元前 300 年　　　公元前 200 年

罗马

在闲暇时间，罗马人喜欢观看战车比赛或到露天剧场观看角斗士竞技。对普通的罗马人而言，每8天就有一个市集日，在这一天，人们可以去锻炼、摔跤、玩球类游戏、赌博，或去当地的浴场洗澡。富有的罗马人则呼朋唤友，举行宴会。宴会非常丰盛，一般从下午晚些时候开始。

宴会上，富有的罗马人慵懒地斜躺在睡椅上吃东西。

球员不能用手和脚触球。

玛雅人

玛雅人玩球类游戏既是为了娱乐，也是为了祭祀他们的神。他们在石墙围起来的球场上玩球，球员们会争相抢夺一个沉重的球，目标是把球投进球场一端的一个石圈里。有时，他们会强迫战俘玩球，比赛结束后，他们就杀死战俘，敬献给神。

公元 67 年 罗马皇帝尼禄参加了奥林匹克运动会中的战车竞赛

纵横各 19 道的中国围棋最终形成 公元 6 世纪

罗马帝国的皇帝狄奥多西一世废止奥林匹克运动会 公元 394 年

公元 80 年 罗马斗兽场竣工，人们举行了为期 100 天的落成表演活动

公元 200 年　　　公元 300 年　　　公元 400 年　　　公元 500 年

宗 教

在古典时代，东西方的宗教产生了巨大转变。在西方，古代的多神教逐渐被新兴的基督教一神教信仰所取代。在东方，新的哲学思想如儒家思想的兴起，和新的宗教如佛教的诞生，对传统世界产生了巨大的影响。古老的婆罗门教融合了佛教和其他宗教的某些思想，形成了印度教，影响至今。

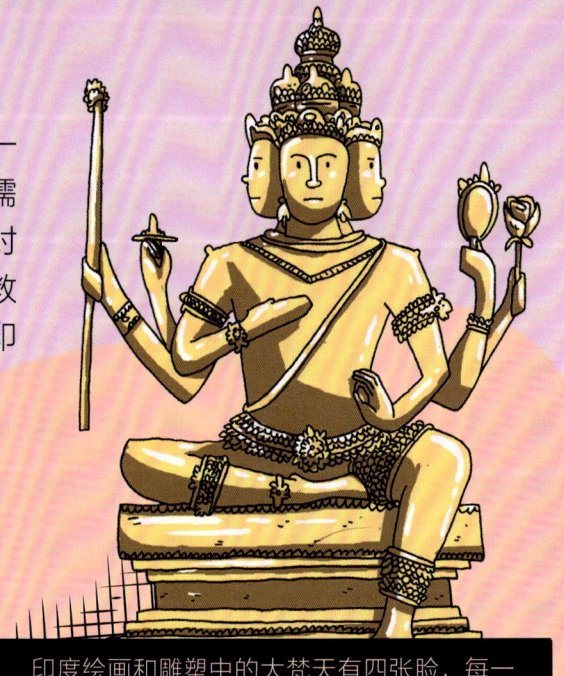

印度绘画和雕塑中的大梵天有四张脸，每一张脸注视着一个方向；他有八只胳膊，分别握着不同的法宝。

老子创立的道家思想认为，保持本心和顺应自然是生活的关键。

中国

孔子生活在大约公元前551年至公元前479年之间，他认为，如果人们能够施行仁义，恢复礼制，国家就能变得更好。孔子去世之后，其思想经由其弟子和追随者发扬光大，并在汉朝时得到朝廷的大力推行。公元前1世纪至公元2世纪，佛教传入中国，与此同时，道教兴起，中国逐渐呈现出儒释道合流的局面。

印度

公元前3世纪，孔雀王朝的皇帝阿育王改信佛教，开始在印度大力推广佛教，自此以后，佛教就成了印度的主要宗教，婆罗门教很少受到当权者的重视。从大约公元4世纪笈多王朝开始，婆罗门教开始吸收佛教和其他宗教以及民间信仰的某些思想，发展成了印度教，不再只面向特权阶级，众多的吠陀神被三个强大的神，即大梵天、毗湿奴和湿婆所取代。

孔雀王朝的皇帝阿育王开始大力推行佛教　公元前3世纪

琐罗亚斯德教的象征是一个有着双翼的人形。

波斯

波斯人信奉琐罗亚斯德教。传说，琐罗亚斯德是该教创始人，也是一位波斯先知。他告诉世人，世界上有善、恶二神，善神即阿胡拉·马兹达，恶神即阿胡拉·曼尼，人们要信仰善神，去同恶神斗争。在阿契美尼德王朝（公元前 558 年—公元前 330 年）的统治下，琐罗亚斯德教在波斯逐渐兴盛起来。公元前 324 年，亚历山大大帝征服波斯，波斯进入希腊化时期，琐罗亚斯德教一度衰落。直到公元 3 世纪，萨珊王朝（公元 226 年—公元 651 年）创建后，该教才重新兴盛。

传说，君士坦丁大帝在一次大战前看到天空中燃烧的十字架，然后改信了基督教。

罗马

耶稣出生在当时已被罗马人占领的巴勒斯坦，基督徒是耶稣的追随者。耶稣死后，他的门徒开始在整个罗马帝国传播他的教义。起初，罗马皇帝迫害基督徒，但基督教仍在发展壮大。公元 4 世纪，基督教成为罗马帝国的国教。

约公元 29 年 耶稣受难	公元 4 世纪 中国佛教传入朝鲜
公元 1 世纪 基督教传入埃及和北非	公元 313 年 君士坦丁大帝颁布敕令，承认基督教的合法地位	公元 392 年 基督教正式成为罗马帝国的国教
公元 320 年—公元 540 年 笈多王朝时期，印度教初步形成	公元 395 年 罗马帝国分裂为东罗马帝国和西罗马帝国

公元 200 年　　公元 300 年　　公元 400 年　　公元 500 年　　27

死亡与丧葬

古代文明时期的死亡和丧葬传统延续到了古典时代。贵族们通常葬在精美的坟墓里，还有大量随葬品，以保证他们在死后的世界依然生活得便利、舒适。其中，希腊和罗马比较特殊，人死之后通常会被火葬。世界上的许多文明，包括希腊、罗马、中国和玛雅文明，都会定期祭祀死去的亲人，为他们祈祷并献上祭品。

希腊和罗马

希腊和罗马的葬礼仪式非常相似。人们先清洗尸体，给尸体涂上香油，然后脚对着门摆放好，这样灵魂比较容易离开。除此之外，人们还会把硬币放进死者嘴里，这是付给卡戎的渡船费。卡戎是冥界船夫，能够把死者从冥河渡到冥界。葬礼在晚上举行，手持火把的哀悼者们护送尸体运出城外，进行火化。

一幅罗马墓葬雕刻展示了一场葬礼正在进行的场景。

中国

汉代贵族们的随葬品中有很多小陶像，有仆人、艺人、乐师、舞者的陶像，甚至还有家禽家畜的陶像。古代的中国人认为人死后的生活与生前的生活相似，所以随葬品中还有房屋、农庄、粮仓和水井之类的陶制模型。

秦始皇有大约 8000 个真人大小的兵马俑随葬。

公元前 7 世纪 罗马人开始火化死者

公元前 353 年 位于土耳其哈利卡纳苏斯的摩索拉斯王陵建成，被誉为古代世界七大奇迹之一

公元前 625 年 希腊人开始把硬币放在死者口中

秦始皇病逝，其陵墓内有大约 8000 具兵马俑陪葬 **公元前 210 年**

公元前 5 世纪—公元 2 世纪 印度尼西亚的布尼文化将陶制的餐具作为死者的随葬品

玛雅人

玛雅人认为，人死后，会通过地面上的一个洞穴到达黑暗的地下世界，即"希泊巴"，意为恐惧之地。只有少数几种人能直接升入天堂，其中包括难产而死的妇女和作为人牲献给神的人。贵族们死后葬在专门的坟墓里，平民的尸体则埋在自己房子的下面或者周围。根据玛雅人的说法，死者会继续守护他们活着的家人。

玛雅人的地狱叫作"希泊巴"。在这里，死去的灵魂要承受恶魔的折磨，最后才能到达天堂。

凯尔特人

凯尔特人死后一般埋葬在墓地里。贵族死后埋葬在土堆下巨大的坟墓里，墓穴的墙壁上绘有神灵画像、战争场面或日常生活场景，随葬品有武器、盔甲和一些正在做饭或者打猎的小泥人。凯尔特人相信，每一个死去的人都去了"另一个世界"，那里是众神的居所，是宴饮享乐的乐园。

这座位于德国霍赫多夫村的坟墓大概建于公元前530年，墓穴建造得异常华丽，埋葬着凯尔特人的酋长。

公元 7 年 印第安人将工具和珠宝作为死者的随葬品

公元 205 年 东汉曹操下诏革除厚葬，在魏晋南北朝时期，墓葬趋于简朴

公元 4 世纪 受汉代墓葬习俗的影响，日本以奈良地区为中心出现了各式大型坟墓，史称古坟时代

公元 200 年　　　　公元 300 年　　　　公元 400 年　　　　公元 500 年　　　29

术语索引

哲学 …………………… 4
源出希腊语,意为"爱智慧"。哲学是关于自然界、社会和人类思维及其发展的最一般规律的学问。

民主 …………………… 4
一种允许所有公民自由选举领导人、参与国家事务和社会事务的管理,并对国事自由发表意见的治理体制。

悲剧 …………………… 4
一种戏剧类型,主要表现主人公所从事的事业由于客观条件的限制、恶势力的迫害及本身的过错而导致失败甚至个人毁灭,但其精神却在失败和毁灭中获得了肯定。代表作家及作品如古希腊索福克勒斯的《俄狄浦斯王》。

喜剧 …………………… 4
一种戏剧类型,一般以夸张的手法、巧妙的结构、诙谐的台词及对喜剧性格的刻画,引人发笑,讽刺丑恶滑稽的社会现象。代表作家及作品如古希腊阿里斯托芬的《云》。

阿基米德式螺旋抽水机 …… 5
一种把水从低洼处引到灌溉水渠中的装置。

轮作 …………………… 8
每年种植不同的作物以保持土壤肥力。

山墙 …………………… 10
上部呈山尖形的横墙,现平屋顶房屋中的内外承重横墙也称"山墙"。

高架渠 …………………… 10
由桥梁、隧道或沟渠构成的主要用于送水的渠道。

廊柱大厅 …………………… 10
古罗马时期用作法庭或公共集会场所的大型长方形建筑。

白令船 …………………… 12
古罗马发明的一种轻型战船,在腓尼基平底战船的基础上改造而成。

复合弓 …………………… 12
用牛角、竹木和筋等材料制成的弓,相比普通的弓,复合弓弓体的韧性、强度和弹射力都大大增强。

布匿战争 …………………… 12
古罗马与迦太基争夺地中海西部统治权的战争。迦太基是腓尼基人的殖民地,因罗马人称腓尼基人为布匿,故称"布匿战争"。战争前后一共三次,以罗马争得西部地中海的霸权告终。

马镫 …………………… 13
骑马时踏脚的装置,成对使用,悬挂在鞍子两边的皮带上。

弩炮 …………………… 14
一种用来投掷大石块的弹弓型装置。

螺旋压力机 …………………… 14
一种机器,垂直旋转螺钉,产生压力推动平板,传统上用于葡萄酒和橄榄油生产。

日晷 …………………… 14
一种古代的测时仪器,由一个有刻度的晷盘和一根垂直于晷盘中央的晷针组成。针影随太阳运转而移动，刻度盘上的不同位置表示不同的时刻。

定理 · · · · · · · · · · · · · · 14
经逻辑论证，其真实性被确定的命题或公式，如毕达哥拉斯关于直角三角形的定理：直角三角形斜边的平方等于其他两边平方之和。

水钟 · · · · · · · · · · · · · · 14
根据水匀速流动原则设计出来的一种测时仪器。一般有两种方法：一种是使用特殊容器以水漏完的时间来表示时间；另一种是用底部不开口的容器，以把水装满的时间来表示时间。

生铁冶铸法 · · · · · · · · · · 14
一种炼铁法。在高大的竖炉内，以高温将氧化铁还原并增碳成为液态生铁，再从炉中放出，烧铸成器。生铁可以经过多种处理方式炼成钢或可锻铸铁。

司南 · · · · · · · · · · · · · · 15
一种古代中国发明的利用磁石指示南北的指南仪器。

瑜伽 · · · · · · · · · · · · · · 16
古印度的一种修行方法，通过一系列静坐姿态的练习、调息、控制感觉和注意力等，达到调节身心平衡、保持身体健康等目的。

白内障 · · · · · · · · · · · · · 16
眼内晶状体浑浊的病症，内障在瞳孔内呈白色或灰白色，容易引起视力障碍，经手术摘除后可望复明。

瘟疫 · · · · · · · · · · · · · · 17
流行性急性传染病。

荷马史诗 · · · · · · · · · · · · 18
古希腊著名史诗，传说作者是古希腊伟大的诗人荷马。全诗分为《伊利亚特》和《奥德赛》两部分，记录了许多有关希腊的历史、神话和传说，情节精彩，词句华美，是西方文学史上的不朽诗篇。

马赛克 · · · · · · · · · · · · · 18
一种小型瓷砖，以石头、瓷片或玻璃为材质，呈方形或者六角形，有各种颜色，拼出的图案繁华富丽，多用来装饰地面或墙面。

珐琅 · · · · · · · · · · · · · · 19
某些矿物原料烧成的像釉子的物质，多涂在铜质或者银质器物表面，用来制造饰品或纪念章等。

徒刑 · · · · · · · · · · · · · · 22
将罪犯监禁于一定场所，剥夺其人身自由的刑罚。分为有期徒刑和无期徒刑。

徙边 · · · · · · · · · · · · · · 22
一种古代的流刑，即将有罪的人流放到边远地区。

陪审员 · · · · · · · · · · · · · 22
陪审团成员。陪审团是在法律案件中根据在法庭上听到的证据做出裁决的一群人。

角斗士 · · · · · · · · · · · · · 25
古罗马专门从事剑斗的奴隶，多来源于战俘，经过剑术训练，在大角斗场或其他公开场合，手持短剑或盾牌彼此角斗或与野兽搏斗，以其流血死亡供奴隶主消遣取乐。